LA DEPRESIÓN, UN PROBLEMA MUNDIAL.

FRANCISCO ESTÉVEZ

Y

LIZANDRO ESTÉVEZ CO-AUTOR

2

ISBN: 9798723579460

DEDICATORIA

Este libro está dedicado a mi esposa **Dorca Gómez**, a mi hija **Aimee Estévez** y a mi querida madre **Dolores Bonifacio**.

Le doy las gracias a **Dios** por un logro más y también a ellas.

ÍNDICE

AGRADECIMIENTOS

Agradezco, primero a Dios que es el que

me da la vida, la salud y la sabiduría.

Luego, les doy las gracias a mi familia, a mis amigos

y a toda aquella persona que lea este libro.

¿QUÉ ES LA DEPRESIÓN?

Enfermedad o trastorno mental que se caracteriza por una profunda tristeza, decaimiento anímico, baja autoestima, pérdida de interés por todo y disminución de las funciones psíquicas.

Esta vez vamos a estar hablando las enfermedades mentales, y en especial vamos a hablar de la depresión.

Vamos a analizar entonces a la depresión, y vamos a ver cómo ésta se diferencia de la tristeza que es una emoción normal y natural.

La depresión es parte de los trastornos de ánimo; o sea trastornos que afectan de cómo nosotros nos sentimos, nuestras emociones.

El trastorno depresión mayor es en la que nos vamos a enfocar en este libro y es uno de los más importantes de todos los trastornos de ánimo y de todas las enfermedades mentales.

En esta categoría podemos también incluir al duelo, que no es tal cual una enfermedad, pero vamos a ver en qué necesitamos diferenciarlo de la depresión y el trastorno depresivo mayor.

También tenemos otros tipos de depresión o digamos subgéneros como depresión melancólica o catatónica, que a veces se acompaña de otras enfermedades mentales o más bien es un dato de las enfermedades mentales como: la esquizofrenia, depresión atípica, también está el trastorno bipolar que es cuando se suceden episodios de depresión mayores en los que estemos muy tristes, muy cansados y sin deseos de vivir.

Y luego que te da muchísima energía muchas, ganas de hacer de todo, no medimos las consecuencias y podemos dañarnos a nosotros y es peligroso.

También está el trastorno afectivo estacional, en el cual por cuestiones ambientales por ejemplo: la cantidad de luz en el invierno, eso hace que nuestros cerebros produzcan menos sustancias y tengamos una depresión transitoria y nos suele pasar cada año.

Otros trastornos que también existen son los del ánimo, por ejemplo: la depresión post-parto, que luego la vamos a describir en otro capítulo más adelante.

Y ésta es específicamente la que ataca a las mujeres después de tener a su bebé.

¿QUÉ IMPACTO TIENE LA DEPRESIÓN EN EL MUNDO?

¿Qué tan impactante es la depresión en el mundo? La verdad es que si juntamos a todas las enfermedades, la depresión es la principal causa de discapacidad en el mundo.

Al ser una enfermedad crónica, o sea que ataca muchas veces en la vida de una misma persona y que es altamente discapacitante; pues puede mermar completamente la vida de las personas.

Se estima que unos 350 millones de personas en el mundo la padecen, y son más mujeres que hombres aunque ataca a ambos sexos, en un muy alto número.

Además de que es muy común, se acompaña usualmente de otras enfermedades mentales. Por ejemplo: la ansiedad, que ya hablamos de eso en otro libro, lo pueden encontrarlo aquí mismo en Amazon, y también las adicciones en lo que se llama patología dual.

Pero aquí no estamos seguros si la depresión está generando ansiedad y adicciones o la ansiedad y las adicciones nos llevan a tener depresión. Sólo sabemos que están ahí de la mano mezcladas estas enfermedades y que una puede llevar a la otra. Aquí es importante siempre buscarlas juntas.

¿Qué otra cosa puede pasar o por qué es importante? porque la depresión puede causar mortalidad temprana, una persona que evidentemente tiene un trastorno depresivo mayor, es posible que vaya al suicidio y que muera todavía estando joven, todavía estando muchas veces en la flor de la vida.

Porque la verdad es que el suicidio es trágico a cualquier edad, pero especialmente esa edad puede causar mucho más pérdida al menos económica.

Aquí te voy a dejar unos cuantos versículos bíblicos que te pueden ayudar bastante si tú eres una persona que padece de este mal tan terrible que es la depresión.

Recuerda que los profesionales de la salud te pueden ayudar en parte con tu problema de depresión, pero Dios quien fue el que nos creó es el que realmente nos puede dar esa paz de interior que tanto necesitamos en nuestro diario vivir.

Aquí te dejo para leas estos versículos bíblicos y ya verás lo mucho que te servirán:

Filipenses 4:8 Por lo demás, hermanos, todo lo que es verdadero, todo lo digno, todo lo justo, todo lo puro, todo lo amable, todo lo honorable, si hay alguna virtud o algo que merece elogio, en esto meditad.

Deuteronomio 31:8 El SEÑOR irá delante de ti; Él estará contigo, no te dejará ni te desamparará; no temas ni te acobardes.

Salmos 34:17 Claman los justos, y el SEÑOR los oye, y los libra de todas sus angustias.

1 Al SEÑOR esperé pacientemente, y Él se inclinó a mí y oyó mi clamor.

2 Me sacó del hoyo de la destrucción, del lodo cenagoso; asentó mis pies sobre una roca y afirmó mis pasos.

3 Puso en mi boca un cántico nuevo, un canto de alabanza a nuestro Dios; muchos verán esto, y temerán, y confiarán en el SEÑOR.

Salmos 3:3 Mas tú, SEÑOR, eres escudo en derredor mío, mi gloria, y el que levanta mi cabeza.

Salmos 32:10 Muchos son los dolores del impío, pero al que confía en el SEÑOR, la misericordia lo rodeará.

Salmos 42:11 ¿Por qué te abates, alma mía, y por qué te turbas dentro de mí? Espera en Dios, pues he de alabarle otra vez. ¡Él es la salvación de mi ser, y mi Dios!

1 Pedro 5:6-7

6 Humillaos, pues, bajo la poderosa mano de Dios, para que Él os exalte a su debido tiempo,

7 echando toda vuestra ansiedad sobre El, porque Él tiene cuidado de vosotros.

Y hay muchos más versículos bíblicos que te pueden ayudar, es muy importante leer la Biblia, porque ahí está la vida y la solución para todo los problemas con más facilidad.

Entonces es muy tristes saber que con todas estas personas que lo padecen, existen ya tratamientos efectivos, tratamientos que podrían hacer que la vida de estos pacientes fuera mejor.

Muchas de esas personas que han fracasado por causa de la depresión, tuvieron una vida rica, y una vida pues satisfactoria. Y muchas veces no tienen acceso a estos tratamientos; ya sea porque no saben que existen, o porque no pueden ir con su médico a revisarse, ya que le dan un tratamiento adecuado.

LA DEPRESIÓN DESDE LOS TIEMPOS ANTIGUOS O BLÍBLICOS

Para poner un ejemplo, esto no es algo actual, toda la vida ha habido depresión y entonces saco este otro fragmento de la Biblia, justamente del profeta Jeremías, que era conocido como el profeta llorón.

Y aquí podemos encontrar algunas características al que acompañan la depresión, por ejemplo:

Jeremías 20:14-18

Él decía:

Maldito el día en que nací; el día en que mi madre me dio a luz no sea bendito.

Maldito el hombre que dio nuevas a mi padre, diciendo: hijo varón te ha nacido, haciéndole alegrarse así mucho.

Y se ata al hombre como las ciudades que asoló Jehová, y no se arrepintió; oiga gritos de mañana, y voces a mediodía, porque no me mató en el vientre, y mi madre me hubiera sido mi sepulcro, y su vientre embarazado para siempre.

¿Para qué salí del vientre? ¿Para ver trabajo y dolor, y que mis días se gastasen en afrenta?

Aquí lo que nos está transmitiendo Jeremías es varias cosas; uno: es un gran sufrimiento, por lo que es su vida en este momento.

Vemos que no es feliz, que está desesperado, que él no ve en el futuro ningún tipo de mejoría en su vida y vemos también una muy baja autoestima. Estas son características clásicas de los pacientes deprimidos.

¿CÓMO PODEMOS SABER SI ES DEPRESIÓN U OTRO TRASTORNO?

¿Cómo podemos diferenciar entre la depresión y estos otros trastornos característicos que se acompañan de la depresión? Desde la tristeza normal, o sea, un día nos levantamos y estamos tristes por factores externos, o incluso solamente porque estamos tristes ese día.

Y cosas así por ejemplo: Como estaba haciendo el trastorno afectivo emocional, o la depresión postparto, o algún otro tipo de presión.

Entonces, cuando vayamos con el médico, él va a medir principalmente cuatro características de esta emoción que nosotros estamos teniendo de la tristeza.

Unas son las características generales, o sea qué fue lo que lo inició. Por ejemplo: el haber tenido a mi bebé o el que haya muerto, una persona que amo, o a lo mejor apareció así de la nada.

Los desencadenantes ¿qué otras características tienen?

A lo mejor viene acompañado de otros síntomas como ganancia o pérdida de peso, como mucho sudor, etcétera.

Esto podría sugerirnos que a lo mejor no es únicamente depresión, sino que puede ser una enfermedad física, un problema de las hormonas, un problema con infecciones, etcétera.

El segundo punto va a ser: **la severidad.**

Entonces en la severidad vamos a ver **cinco puntos**: De estos síntomas característicos puede ser que tengamos varios de ellos, o sea que no solamente me siento triste, sino que tenemos varios y que posiblemente nos estén incapacitando en la vida. Más adelante veremos un poco más sobre esto.

El tercero es: **la duración.** Para que nosotros podamos decir que es un episodio depresivo mayor o un trastorno depresivo mayor, necesitamos que estos sentimientos y estas manifestaciones de la mayor parte del día; casi todos los días, al menos dos semanas a partir de este momento, ya podemos considerar que es un trastorno depresivo mayor.

Aunque usualmente el trastorno depresivo mayor puede durar meses, o incluso años.

Es posible estar años deprimidos y eso es algo relativamente normal si no buscamos atención médica.

El último y quinto punto es: **la discapacidad.** Esta enfermedad es la que nos genera la sensación de discapacidad, nos genera tanta molestia e impedimentos.

Entonces si por ejemplo: nos sentimos mal pero nos paramos todos los días, vamos a trabajar, salimos con los amigos y platicamos. Y si tenemos esa sensación de que las cosas no andan bien, posiblemente tenemos una depresión, pero a lo mejor es una depresión leve.

Y si por ejemplo: ya tengo este impedimento muchas veces, falto al trabajo, ya no quiero ver a mis amigos, trato de hacer actividades que antes me gustaban y ya no puedo. Entonces tal vez tenga una depresión moderada, o incluso ya llegando a severa.

Y por supuesto, si tengo ya ideas de que quiero quitarme la vida, lo estoy planeando, ya me visualizo muriendo, etcétera. Entonces eso ya es una depresión severa.

Entonces vamos a buscar esto en las personas, y eso nos dirá qué tanta discapacidad le está generando y qué tan agresivo tiene que ser el tratamiento.

Ahora vamos a ver cuál es la diferencia entre el duelo y la depresión. Vamos a ver algunas características que nos permitirán ver mejor qué es la depresión y que no es la depresión.

El duelo es evidentemente cuando perdemos a un ser querido, está asociado con la pérdida de identificable, alguien murió y ahora nosotros estamos en duelo, mientras que la depresión puede no haber factores identificables.

A lo mejor, nada malo pasó y yo ya me estoy sintiendo triste. Ahora: ¿puede también surgir la depresión después de que alguien murió en mi familia? por supuesto que sí, solamente es como para identificar que puede no haber causas externas y yo tener un trastorno depresivo.

El paciente con un duelo se enfoca en la pérdida, o sea está triste y piensa mucho en la cosa que perdió o en la persona que perdió, mientras que el paciente con depresión se enfoca en lo que siente el mismo. Entonces se enfoca mucho en el dolor y el sufrimiento que está teniendo.

El paciente con **duelo** tiene anhedonia periódica, o sea muchas veces no siente placer por las actividades que le genera el día a día, mientras que el paciente con **depresión** es constante, todo el tiempo es incapaz de sentir placer por las cosas que hace en la vida diaria.

El paciente con **duelo** tiene síntomas físicos fluctuantes, por ejemplo: a veces le puede faltar el aire, puede estar muy, muy cansado, problemas de memoria y de repente tiene periodos en los que está un poco mejor; mientras que el paciente con trastorno **depresivo** tiene síntomas físicos prolongados, y muy incapacitantes que no le dejan tener una vida normal.

En el **duelo,** usualmente la cercanía reconforta, mientras que en la **depresión,** se busca el aislamiento, en el **duelo** hay un gran abanico de emociones, tanto positivas como negativas.

Mientras que en la **depresión,** estamos atrapados en estos síntomas y en estas emociones altamente negativas. El **duelo** puede generar culpa por algunos aspectos, mientras que en la **depresión,** la culpa es generalizada, a todos nos hace sentir culpables y eso hace que tengamos un auto desprecio; que pensamos que no valemos nada y que no merecemos estar vivos.

Mientras que los pacientes con **duelo,** tienen una autoestima usualmente conservador y en el duelo hay pensamientos de muerte pero es para reunirse con el ser amado que perdimos.

En la **depresión,** los pensamientos de muerte son por falta de valor y otra vez en respuesta al sufrimiento es: estoy sufriendo tanto, nada nunca va a mejorar, ya es mejor que muera, al fin de cuentas no soy algo valioso en este mundo.

Entonces esas son las diferencias entre la depresión y otros tipos de trastornos. En este caso entre la depresión y la tristeza que nos deja un ser querido al partir de este mundo.

¿CUÁLES FACTORES PORDRÍAN CAUSAR LA DEPRESIÓN U OTRAS ENFERMDADES MENTALES?

Existen tres factores que se conjuntan para todas las enfermedades mentales y también por supuesto, para la depresión.

El primer factor es: **el medio ambiente en el que nos desenvolvemos**; esto es nuestra sociedad, nuestra familia, todas las personas y las cosas que nos rodean en nuestro diario vivir.

El segundo factor es: **son nuestras ideas**, o sea cuando esta información que nos ofrece el mundo entra a nuestro cerebro, como la procesamos.

Y en tercer lugar tenemos ya específicamente: **el cerebro,** como un órgano y como esta gran bolsa de químicos que reacciona de diferentes maneras, en estas tres partes de toda nuestra mente.

Por eso, de alguna manera, de toda nuestra interacción con el mundo, están relacionadas entre sí. O sea cuando cambiamos una, cambian las otras dos. Y va a cambiar nuestra respuesta, y va a cambiar nuestra vida.

Entonces esto es lo que pasa específicamente con los pacientes que tienen una depresión. Básicamente algo impacta al cerebro y le genera especialmente estrés. Entonces cambia, empieza a generar estos mecanismos de adaptación.

Ahora bien, el estrés en dosis pequeñas, o sea, si yo me estreso y después me relajo y todo vuelve a la normalidad, pues entonces generará cambios a corto plazo.

Pero si el estrés es crónico, muy grande, entonces este impacto, este estrés, ahora va a generar en mi cerebro cambios más permanentes y más agresivos.

(Cabe mencionar que mi anterior libro se trata sobre el estrés y se llama: **ESTRÉS, ENEMIGO SILENCIOSO**, está disponible actualmente en Amazon.)

Entonces; ¿Qué son estos estresores que yo puedo estar teniendo aquí?

Primero: si el estrés es muy grande, por ejemplo: que muera alguien de mi familia, que yo cambie de país, que me abandone alguien que yo amo mucho, que pierda mi trabajo, eso genera mucho, demasiado estrés.

Y mi cerebro no tiene manera de adaptarse tan rápido, y genera esta depresión.

Por otro lado, el estrés crónico. Por ejemplo, si tengo un trabajo que es estresante y en el que me trata mal mi jefe todo el tiempo. Por años eso puede llegar al bullying por ejemplo, en el trabajo o en la escuela, esto puede llevar a que este estrés crónico también le genere estos cambios nocivos a mi cerebro.

¿Qué cambios van a ser estos? Básicamente, funciona diferente y entonces muchos de los neurotransmisores van a empezar a secretarse menos y a producirse menos.

Cosas como la serotonina, la dopamina, la noradrenalina, el glutamato, gaba y factores del crecimiento van a la baja.

Entonces esto, ¿qué significa? Básicamente, que grandes partes de mi cerebro van a estar funcionando menos. Principalmente mi sistema límbico, que es el de las emociones.

También van a trabajar menos otras partes como: mi corteza cerebral, mis ganglios nasales, etc.

Entonces grandes partes del cerebro empiezan a trabajar menos.

Ahora, ¿por qué están trabajando menos? no estamos muy seguros específicamente que hace que llegue a este punto de que trabajan menos.

Pero una de las razones que puede llevar a esto es: el incremento justamente de estas sustancias del estrés.

Por ejemplo: **neurotransmisores** como la **acetilcolina**, cuando aumentan pueden generar episodios depresivos. También de manera importante la **acetilcolina** se eleva en el estrés, entonces el estrés crónico sería relativamente natural que lo elevara.

También están las hormonas del estrés, básicamente el **cortisol** y el factor liberador de **corticotropina**.

Todos esos pueden llegar a diferentes partes del cerebro como: la amígdala, la corteza y hacer que funcionen mal.

También las **citosinas**, estas que se producen cuando estamos enfermos de algo físico. Estas pueden llegar al cerebro y hacer que ya no se produzcan estas sustancias que ya mencionamos que tienen muchas funciones.

También puede controlar el estado de ánimo, en este caso la **serotonina**, la **dopamina** puede controlar el sistema de recompensa, la **noradrenalina** pueden hacer que nos estamos despiertos y llenos de energía.

Pueden causar en el caso del **glutamato**, que nosotros pensemos, que recordemos, que tengamos juicio.

También está el **gaba** para dormir, entonces podemos tener trastornos en el sueño y el **BDNF**, que normalmente hace que el cerebro se mantenga, al no tenerlo puede hacer que ciertas partes del cerebro se empiecen a ser pequeñas.

Todos estos cambios de neurotransmisores, y factores de crecimiento, y citosinas y hormonas que genera este estrés crónico o este estrés demasiado intenso, hace que ciertas partes de nuestro cerebro empiecen a cambiar.

Los psicólogos pueden ver prácticamente cuáles son las partes del cerebro que están afectando, en base a lo que sienten las personas. En base a los signos y los síntomas que tienen, eso ya lo saben.

Entonces ya sabemos lo característico de la depresión, es un ánimo deprimido, me siento triste todo el tiempo, la mayor parte del día, casi todos los días de la semana, al menos dos semanas.

Y además, una de las cosas características de la anhedonia, es la incapacidad para sentir placer. Más adelante vamos a ver por qué.

Lo vamos a dividir por región para ver qué partes del cerebro son las que no están funcionando, pues veríamos que los pacientes tienen: **trastornos del sueño, en el apetito y en el peso.**

El paciente puede dejar de comer o empezar a comer muchísimo y esto es característico del **hipotálamo** y el hipotálamo es el que controla estas partes. Entonces tenemos el hipotálamo que no trabajando bien.

En el segundo punto tenemos: **anhedonia** y **falta de motivación,** o sea no tengo ganas de hacer nada, no tengo ganas de hacer cosas y cuando hago algo que en principio me gusta, ya no siento nada de placer.

Aquí encontramos una alteración, específicamente del sistema de recompensa. Y este sistema que también conocemos como **cortico límbico,** tampoco está funcionando bien. Toda la **dopamina** que voy a estar liberando, no se está liberando, no está funcionando.

Luego tenemos el **sistema límbico.**

Entonces esta preocupación irracional, y genera ansiedad. El paciente está ansioso todo el tiempo, se siente irritable, está preocupado, no sabe qué va a pasar y cree que las cosas no van a mejorar. De nuevo esto, por el **sistema límbico** que está alterado aquí.

Y luego de esto, vamos a tener que el paciente por todas estas alteraciones de **glutamato**, y en la corteza, específicamente la corteza y los ganglios basales, va a tener incapacidad para concentrarse, retraso psicomotor, se mueven lentos, hablan lento, no se puede concentrar, no se acuerda de las cosas y le genera también acciones suicidas.

Y es aquí cuando esta disfunción, esta corteza, que ya no está funcionando, junto con todas las otras partes del cerebro, lo lleva a pensar al paciente que la única salida es quitarse la vida.

¿A QUIÉN LE DA ESTA ENFERMEDAD?

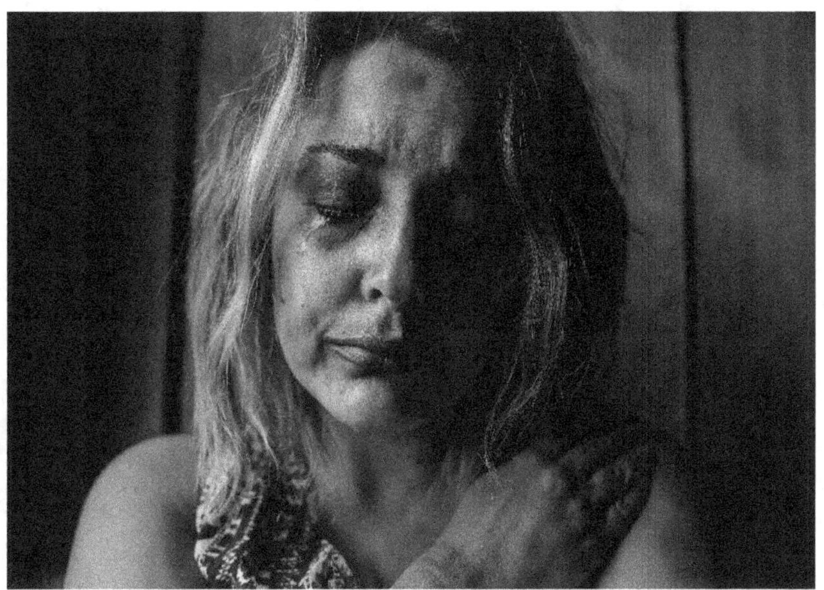

Entonces, ¿a quién le da esta enfermedad? Es evidente que todos padecemos de estrés, a veces intenso, a veces incluso crónico, pero hay que aclarar que no todas las personas tienen depresión, aunque casi el 20% sí. El 80% de las personas no experimenta con depresión en su vida.

Las personas que tienen depresión usualmente tienen varios episodios a lo largo de su vida.

Entonces, ¿qué los lleva a tener depresión o no? El primer factor de riesgo es: **El sexo**.

Las mujeres tienen más riesgo que los hombres. Según informes de la Organización Mundial de la Salud, es más probable que las mujeres padezcan de depresión en general.

El segundo es **la edad,** aquí las principales edades en las cuales aparece la depresión son: uno, la **adolescencia**, eso casi todos lo sabemos.

Y la número dos es: los **pacientes mayores,** y aquí es especialmente importante, porque los pacientes mayores, por todo lo que ya vimos que se afecta a su cerebro, pueden tener algo que se llama pseudo demencia.

Entonces el paciente parece que tiene Alzheimer, a veces incluso, un alzhéimer moderado o severo y en estos pacientes resulta que lo que tenían era depresión.

Y tú manejas la depresión y mejora el Alzheimer, que no era alzhéimer. Entonces es muy importante especialmente en ellos, descartar que tengan depresión.

El tercer factor es: **El estrés crónico,** las personas que tienen estrés crónico, pues como dijimos anteriormente que el estrés si dura por mucho tiempo, puede hacer que genere todos estos cambios químicos.

Entonces, es natural que la persona que tiene mucho estrés, sea el que tenga más probalidad que se deprima.

El factor número cuatro es: **Los genes,** hay personas que ya por familia, todos han tomado antidepresivos, todos han estado deprimidos.

Y eso ha podido ser, porque el cerebro simplemente no produce la misma cantidad de neurotransmisores que otras personas que no tienen riesgo de tener esta enfermedad.

La siguiente características es: **Las psicológicas,** la manera en la que lidiamos con el estrés, que tan aprensivos somos, también pueden llevar a que un paciente tenga más riesgo o menos riesgo depresión.

El factor número seis es: **son las enfermedades** y **el dolor.** Una enfermedad física, una infección, trastorno en las hormonas, enfermedades autoinmune, o enfermedades crónicas como por ejemplo: el cáncer, el sida y otras enfermedades mortales pueden llevar a la depresión.

Y en especial el dolor neuropático, es un factor de riesgo muy importante para tener depresión.

Entonces es muy probable que un paciente con estas enfermedades vaya a tener depresión, si no es que la tiene ya.

El siguiente factor es: **falta de apoyo social,** las personas que están por ejemplo, que viven solas, que no tienen de quien depender, es más probable que se depriman. Y como característica también, es más posible que vivan menos tiempo.

La siguiente característica es: **la comorbilidad mental,** ya que vemos que los que tienen trastornos de ansiedad y adicciones, tienen un riesgo muy grande de tener depresión.

El siguiente factor puede ser: **el duelo,** los pacientes que ahorita están en duelo porque murió uno de sus familiares o tiene alguna otra pérdida grande, es más para que tengan depresión.

El siguiente factor: **eventos traumáticos** y también de manera importante algunos **fármacos.**

Algunos fármacos usados para tratar la hipertensión, algunos fármacos para tratar enfermedades de las hormonas, todos estos también pueden causar depresión.

También es muy importante ver que no sea ni una enfermedad, ni un fármaco lo que está causando estos sentimientos y esta enfermedad en los pacientes.

¿CUÁLES MITOS EXISTEN ACERCA DE LA DEPRESIÓN?

A continuación vamos a ver algunos mitos muy nocivos de la depresión que hace que las personas no busquen ayuda.

Hay muchas personas que le da lugar a este estigma que dice: no, es que a los psiquiatras sólo van los locos. Pero esto no es cierto.

Es muy importante que estas personas con depresión sepan que no es estar loco ir al psiquiatra, y que pueden tener una vida normal y una vida mucho más sana de la que tiene.

Entonces, ¿cuáles son estos mitos? que la depresión por ejemplo, es por ser negativo. Es que todo lo ves negativo, por te deprimes, solo ve las cosas de manera optimista y ya se te va a quitar la depresión.

Esto es falso. La depresión es una enfermedad y necesitan tratamiento.

Los pensantes positivos no pueden controlar esta enfermedad.

Es cierto que parte del tratamiento va a ser buscar otras estrategias y otra manera de pensar, pero eso no significa que con pensamientos positivos se puede controlar, o que es por falta de ganas o por falta de control.

Al usted echarle ganas no va a ser que se le quite la depresión; se necesita atención médica, y atención del personal de salud, los psicólogos, etcétera.

Entonces se necesita buscar tratamiento y ese tratamiento puede ser muchas veces urgente.

EL DIAGNÓSTICO AL IR AL MÉDICO

Ahora, yo voy a mi médico y quiero saber si tengo depresión o solamente estoy triste ¿qué es lo que va a hacer?

Es evidente que va a explorarme bien, para ver que no sea nada físico, va a hacerme un interrogatorio, me va a preguntar qué es lo que he sentido, qué tan severo, por lo que le dijimos antes. Para ver qué tan severo es y si puede ser por algún desencadenante, algún otro tipo de depresión o enfermedad mental.

Además de eso, va a hacerme algunos cuestionarios, por ejemplo: el cuestionario de Beck, el PHQ-9 Patient Depression Questionnaire, la escala de presión de Hamilton, escala de presión Geriátrica. Dependiendo por supuesto, de mi edad, de qué sentido, de cómo he estado, etcétera.

Entonces, en base a ese cuestionario, si contesto muchas preguntas positivas, evidentemente va a diagnosticarme con depresión.

Estos cuestionarios, ¿qué es lo que incluyen? Lo que incluyen es que básicamente, si hemos estado tristes, y hemos pensado en hacernos daño, o en matarnos, etcétera.

Es muy importante que cuando nosotros estemos haciendo el diagnóstico, o cuando a nosotros nos hagan el diagnóstico anti depresión, es muy importante descartarlos.

O sea, no llegar y decir estoy triste, ya he estado triste por seis o siete meses, esto es depresión. Sino descartar, que no sea por algún medicamento que estoy tomando.

Porque es relativamente común que no sea por alguna enfermedad neurológica, que haya tenido un derrame cerebral, esclerosis múltiple o alguna otra cosa y se confunda con depresión.

Que no me falte no me sobren hormonas, por ejemplo: en la tiroides, en la súper renal, porque también pueden causar depresión.

Tampoco que no sean infecciones crónicas, porque ya vemos que las citosinas que producen las infecciones viajan al cerebro y hacen que no produzcamos todos estos neurotransmisores. Y tampoco que no sea por tumores.

También hay poblaciones en las que el riesgo es muy bajo, si hay una mujer que está joven, se puede decir más o menos con más tranquilidad que es depresión, y que no es seguramente un tumor por ejemplo.

Pero es importante que dependiendo de qué es lo que nosotros tengamos, nuestra edad y nuestras características, se descarten muchas de estas otras cosas que se pueden confundir con depresión.

Entonces ya que las descartamos ahora si decimos que es una depresión pura, no tiene ningún otro componente, hay que dar tratamiento únicamente para la depresión.

¿CUÁL SERÍA EL TRATAMIENTO PARA LA DEPRESIÓN?

    ¿Cuál va a ser el tratamiento? Como dijimos en uno de los capítulos anteriores, que la enfermedad tiene tres partes; que son: la parte del **medio ambiente,** la parte de **mis propios pensamientos** y **la parte química** que es lo que hace mi cerebro en respuesta a mis pensamientos y a mi ambiente. Y que esta parte química es la que genera mis pensamientos y hace que reaccione a mi ambiente y cambia mi ambiente.

Entonces tenemos tres brazos en los que podemos intervenir.

Y por supuesto, será muy lógico pensar, que si damos tratamiento en una sola parte, pues el tratamiento será mucho menos efectivo que si damos tratamiento en las tres.

Entonces, ¿qué tratamientos tenemos para el medio ambiente y para mis pensamientos? Pues que aquí está toda la psicoterapia, la terapia cognitivo-conductual, la psico dinámica y la terapia familiar.

Entonces; el hecho de ir con alguien, platicar las cosas, todo esto lo que cambia es la manera en la que yo creo mis pensamientos y del mismo modo la manera en la que yo me enfrento a mi medio ambiente.

Y también la terapia familiar, hace que mi medio ambiente cambie la relación que tiene conmigo y con mi cerebro. Y es una terapia muy efectiva.

Entonces, estas dos cosas ya quedamos que cambian la manera en la que químicamente mi cerebro responde, y ya vimos que disminuyen los neurotransmisores, los factores de crecimiento y aumentan las hormonas del estrés.

¿Qué podemos hacer o dar entonces para estos cambios químicos? aquí si entra el tratamiento farmacológico, los famosos antidepresivos, entre otras cosas.

¿Cuándo se debe dar cada tratamiento? en general para la depresión leve, diagnosticada por supuesto, por el psicólogo o por el psiquiatra, se puede dar únicamente la psicoterapia.

Para la depresión moderada, normalmente se da una combinación, aunque podría en algunos casos considerarse solo la psicoterapia.

Y para la depresión severa, esta que ya genera mucha incapacidad, muchas veces incluso, pensamientos suicidas, siempre por regla prácticamente se da este tratamiento farmacológico con antidepresivos.

Incluso, se pueden dar otros tratamientos para los episodios que son muy severos y que pueden generar emergencias, porque es que este paciente tiene muchas posibilidades de suicidarse si no hago algo inmediatamente.

También hay otras terapias efectivas, como la terapia electro convulsivo, la terapia de shock o electrochoques, puede servir o ayudar mucho para estos pacientes; porque los choques eléctricos hacen que el cerebro se inunde de neurotransmisores.

Entonces también se puede considerar esta terapia, y no se vayan a asustar si les dicen que esa terapia es para ustedes; es posible que les ayude mucho. Pero que solo se de una o dos veces y luego se siga solo con fármacos y con psicoterapia.

¿QUÉ HACEN LAS PASTILLAS QUE DAN LOS MÉDICOS PARA LA DEPRESIÓN?

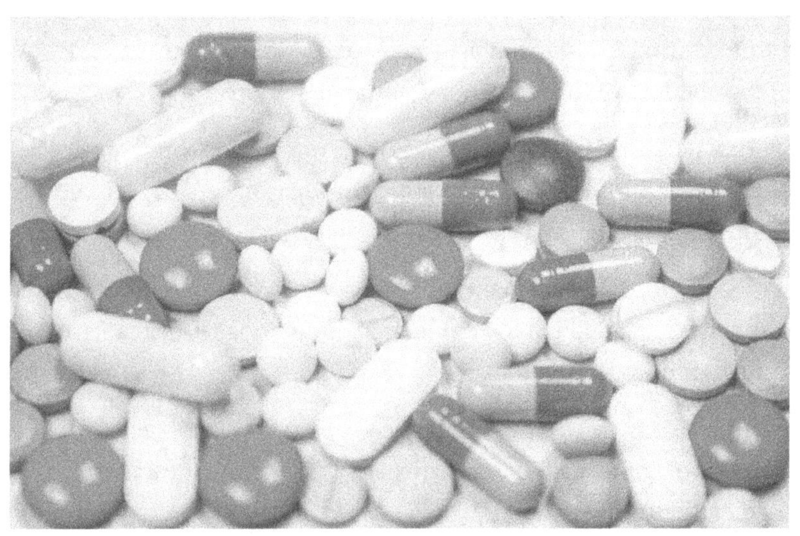

Entonces hablemos un poquito más de la terapia farmacológica. Entonces, ¿qué será lo que hacen las pastillas que los médicos dan para mejorar esta depresión y para ayudar a la psicoterapia para que no esté sola?

En realidad ellos dan medicamentos que aumentan la cantidad de serotonina, porque éstas inhiben su recaptura o sea, hacen que la serotonina se quede más tiempo en el cerebro.

Y entonces al haber más serotonina disminuyen los síntomas.

Ellos dan medicamentos que aumentan la serotonina y la noradrenalina. Y por eso en vez de aumentar un neurotransmisor ahora están aumentando dos neurotransmisores, no sólo uno.

Los antidepresivos tricíclicos aumentan solamente la noradrenalina pero también aumentan los neurotransmisores.

Existen otros tipos antidepresivos que hacen otras cosas como: aumentar la dopamina, cambiar las sinapsis de glutamato, por ejemplo la ketamina, etcétera.

Éstos también tienen efectos antidepresivos y ya el médico psiquiatra, decide cuál es el que se tiene que dar en cada caso que lo amerite.

(¡Ojo, nunca te auto mediques!). Si tienes problemas de depresión, ve al psiquiatra o al psicólogo y ellos te darán el medicamento indicado.

Hay antidepresivos, especialmente la tianegtina, que lo que hace es que aumenta la recaptura de serotonina y también quita la depresión.

Entonces, no se vayan a quedar con la idea, es que bajó mi serotonina y ahora ya tengo depresión.

No es tan sencillo como para decir: esta baja y este sube, es una combinación de muchos cambios anatómicos y funcionales.

LA DEPRESIÓN POSPARTO

En este capítulo vamos a estar hablando sobre la depresión posparto, que afecta a millares de mujeres en el todo el mundo.

Según estudio, una de cada diez mujeres tiene depresión posparto.

La depresión posparto es conocida como una de las mayores complicaciones médicas maternas que puede tener una madre después de dar a luz, tanto por el sufrimiento de la madre como por la interferencia que supone en la capacidad de cuidado del bebé y de vincularse con él.

Y lo más grave es que, las causas de la depresión posparto en general son desconocidas por los profesionales de la salud en la actualidad.

Ellos saben algunos factores de riesgo o ciertas vulnerabilidades que pueden conducir a que algunas mujeres estén más dispuestas a tenerla.

Los psicólogos y psiquiatras consideran el factor genético de tener antecedentes en familiares de primer grado, en mujeres de la familia; el haber tenido antecedentes propios de depresión e iniciar los síntomas en el embarazo.

También existen otros factores que han estudiados como el tipo de parto, el hecho de no haber planificado la gestación, también temas más asociados a factores sociodemográficos y otros factores.

Los síntomas de la depresión posparto básicamente son: el desánimo, tristeza, ganas o deseos de llorar, la falta de energía, dificultad para disfrutar de su entorno y de las actividades con las que antes sentía placer, también dificultades de concentración, en tomar decisiones, insomnio, etc.

También se acompaña de mucha ansiedad, de sentimientos de culpas respecto a su capacidad de ser madre y de vergüenza de sentir lo que sienten o como se encuentran.

¿Cómo se diagnostica la depresión posparto?

Se diagnostica por entrevista clínica. Por un profesional de la salud mental, ya sea psiquiatría, o psicología o, incluso, enfermería especialista en salud mental, pueden hacer el diagnóstico de la depresión posparto.

Se les pasa la escala Edinburgh que es una escala específica que contesta la propia madre, ésta incluso, se puede encontrar en la internet para mirar si puede estar teniendo una depresión posparto.

No es una escala diagnóstica, pero sí que si esta escala puntúa es importante que el profesional o la profesional que está visitando a la madre la dirijan a un servicio especializado para descartar que no sea un episodio depresivo mayor.

¿CUÁL ES EL TRATAMIENTO INDICADO PARA LA DEPRESIÓN POSPARTO?

El mejor tratamiento para depresión en general y específicamente para la depresión posparto es el tratamiento combinado.

O sea, el tratamiento psicológico más el farmacológico.

Con la depresión posparto hay que hay que tener una consideración que es muy importante, y es la diada.

Es decir, estamos tratando a una persona con depresión, pero está cuidando a un bebé, con lo que tienes que tener en cuenta las medicaciones que le pondrás y, en la mayoría de los casos o en muchos casos, le estará amantando.

Entonces, tienes que tener en cuenta qué fármacos le darás si la madre está lactando.

Es muy importante decir que las mayorías de los fármacos antidepresivos son compatibles con la lactancia.

Esto por parte farmacológico, a niveles psicológicos se puede hacer el tratamiento de la depresión, también hay terapias específicas para la depresión posparto, y también los psiquiatras y psicólogos tienen que considerar la necesidad de tratar el vínculo de la madre con su bebé.

El 50% de las mujeres con depresión en posparto mejora por completo en el primer año.

Sin embargo, más o menos el 10% de las mujeres que aún mantienen algunos síntomas crónicos de depresión, especialmente, es porque no ha seguido un tratamiento adecuado.

Ahora seguimos con la relación entre la madre y el bebé.

Si siente que la relación del bebé no es la que ella esperaba.

Si siente dificultades para establecer la relación con su bebé, para sentir amor hacia él y para cuidarlo de una forma adecuada y como ella deseaba hacerlo, entonces esto es un síntoma más la de depresión posparto.

Por lo tanto, un tratamiento especializado que tenga en cuenta a la madre y también al bebé, es decir, la diada, un tratamiento especializado en salud perinatal, esto es un síntoma que remitirá a medida que la depresión mejore.

En conclusión, no solo para las mujeres que padecen depresión posparto, sino para todas las personas que tiene o padecen depresión, busquen ayuda, no se queden de brazos cruzados en su casa.

La depresión es un problema muy serio y que ha llevado a muchas personas a la tumba y no queremos eso de ti, queremos verte bien y en paz contigo mismo.

Si siente que tienes síntomas de depresión, ve al psiquiatra, ve al psicólogo y sigue sus consejos.

Cuéntale a tu mejor amigo o amiga, para que te ayuden con algún médico, especialmente como dije anteriormente los especializados para eso que son los psicólogos y los psiquiatras.

Otro consejo o el mejor consejo que te podemos dar es que vaya a una iglesia Cristiana de sana doctrina para que oren por ti, entrégale ese problema en las manos de Dios que fue el que nos hizo, nos creó y sabe todo sobre tu vida y conoce todo de ti.

Dios no es ajeno a tu problema, tú le importas más de lo que te puedes imaginar, tanto así que dio a su único Hijo para muriera por ti y por mí en una cruz en el monte Calvario. Lee **San Juan 3:16.**

Que Dios te bendiga y te ayude a salir hacia adelante y nos leemos en el próximo libro.

ACERCA DEL AUTOR

Hola, somos **FRANCISCO y LIZANDRO ESTÉVEZ,** dos jóvenes muy emprendedores y con todo el deseo de triunfar y salir hacia adelante por la vía correcta.

Con este libro, ya tenemos tres libros en Amazon y vamos a seguir avanzando hasta lograr nuestros objetivos y también vamos a seguir ayudando a las personas hasta lo que más podamos.

Si compraste este libro y llegaste hasta aquí leyéndonos, te lo agradecemos mucho y esperamos que te haya sido de gran ayuda, nos leemos en el siguiente libro.

¡Dios te bendiga!

www.ingramcontent.com/pod-product-compliance
Lightning Source LLC
Chambersburg PA
CBHW070216260726

48658CB00006BA/2098